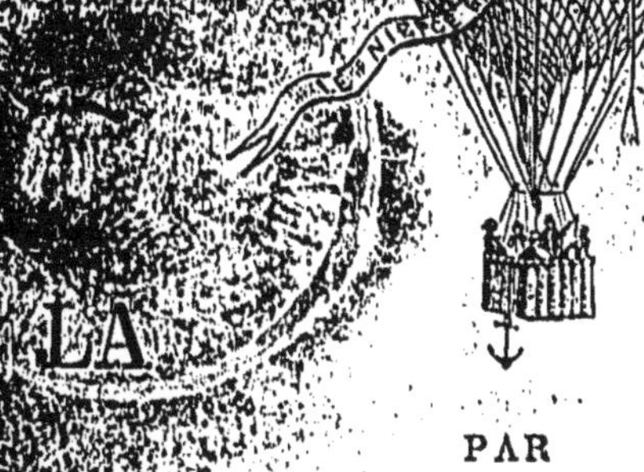

LA POSTE

PAR

PIGEONS VOYAGEURS

SOUVENIR DU SIÉGE DE PARIS

SPÉCIMEN IDENTIQUE D'UNE DES PELLICULES DE DÉPÊCHES
PORTÉES A PARIS PAR PIGEONS VOYAGEURS

PHOTOGRAPHIÉES

Par DAGRON

**Seul photographe du Gouvernement pour toutes les dépêches
officielles et privées sur pellicule**

NOTICE SUR LE VOYAGE DU BALLON LE NIEPCE

PORTANT **M. DAGRON** ET SES COLLABORATEURS

et

Détails sur la mission qu'ils avaient à remplir

TOURS — BORDEAUX

1870–1871

LA POSTE

PAR

PIGEONS VOYAGEURS

SOUVENIR DU SIÉGE DE PARIS

SPÉCIMEN IDENTIQUE D'UNE DES PELLICULES DE DÉPÊCHES
PORTÉES A PARIS PAR PIGEONS VOYAGEURS

PHOTOGRAPHIÉES

Par DAGRON

Seul photographe du Gouvernement pour toutes les dépêches
officielles et privées sur pellicule

NOTICE SUR LE VOYAGE DU BALLON LE NIEPCE

EMPORTANT **M. DAGRON** ET SES COLLABORATEURS

et

Détails sur la mission qu'ils avaient à remplir

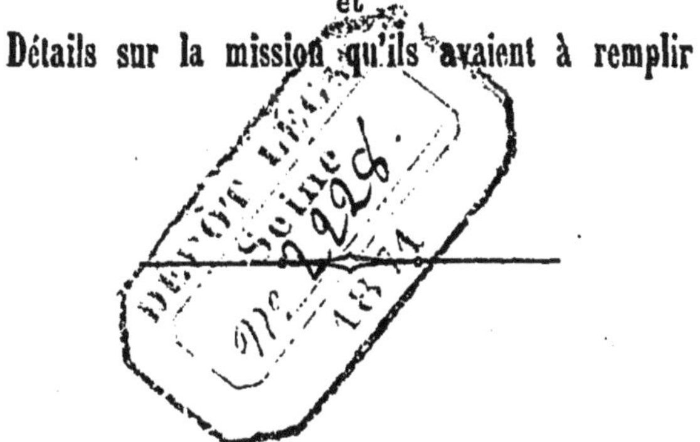

TOURS — BORDEAUX
1870-1871

PARIS. — TYPOGRAPHIE LAHURE
Rue de Fleurus, 9

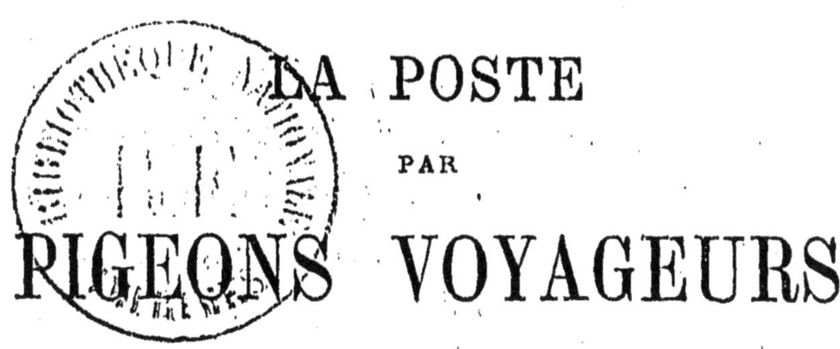

LA POSTE

PAR

PIGEONS VOYAGEURS

Le ballon *le Niepce* partit de Paris, le 12 novembre 1870, à neuf heures du matin, monté par :

MM. Dagron, photographe;

Fernique, ingénieur des arts et manufactures;

Poisot, artiste peintre, gendre de M. Dagron;

Gnocchi, préparateur de M. Dagron;

Pagano, marin, élève aéronaute;

puis environ six cents kilogrammes d'appareils appartenant à M. Dagron.

Le ballon *le Daguerre* partait en même temps que *le Niepce*, emportant trois voyageurs, la correspondance postale, des pigeons et le complément des appareils de M. Dagron.

M. Dagron et M. Fernique étaient envoyés par M. Rampont, directeur général des Postes, avec l'approbation de M. Picard, ministre des finances, pour établir en province un service de dépêches photomicroscopiques que l'on devait envoyer à Paris au moyen de pigeons voyageurs. Ce service était réglé pour un décret du 10 novembre 1870, et devait être installé à Clermont-Ferrand. M. Fernique devait, outre sa collaboration aux travaux de M. Dagron, apporter tous ses soins à l'organisation du service par pigeons, et mettre aussi en œuvre un système de correspondance fluviale que la délégation ne voulut pas pratiquer.

RAPPORT DE M. DAGRON.

Au départ des deux ballons, le vent portait en plein est. Nous partîmes néanmoins accompagnés des vifs témoignages de sympathie d'un grand nombre de personnes venues pour assister à notre départ, la réussite de cette expédition postale devant apaiser tant de justes inquiétudes dans Paris.

Arrivé au-dessus des lignes prussiennes, *le Niepce* fut, ainsi que son compagnon de route, *le Daguerre*, accueilli par une vive fusillade. A une hauteur de huit cents mètres les balles sifflaient autour de nous. *Le Daguerre* fut atteint, et nous le vîmes, le cœur serré, descendre vertigineusement et tomber sur le mur d'une ferme à quelques lieues de Paris ; nous savons maintenant que c'était près de Ferrières.

Un fait dont les conséquences eussent pu être terribles pour nous, et qui dut être la cause de la perte du *Daguerre*, c'est que les sacs de lest étaient faits en toile de coton avariée, d'une force insuffisante. Le spectacle du *Daguerre* percé de balles, et capturé par des cavaliers ennemis que nous vîmes accourir, nous fit sentir la nécessité de hâter notre ascension pour échapper au même sort ; mais les sacs de lest se rompaient. Il fallut pendant tout le temps du voyage ramasser le sable dans une assiette, et le jeter ainsi par petite fraction hors de la nacelle.

Vers une heure et demie de l'après-midi nous étions parvenus à une hauteur de quinze cents mètres. Il nous restait à peine la valeur de deux sacs de lest., et dans l'ignorance où nous étions de la présence ou de l'absence des Prussiens, il fut décidé que la descente se ferait très-rapidement pour ne pas leur laisser le temps d'arriver. La descente se fit donc à raison de dix mètres par seconde environ. Grâce au lest que nous avions ménagé, et aux deux guides-ropes dont nous nous étions munis, l'atterrissage malgré un vent violent se fit sans de graves accidents; mais le ballon se coucha, et parcourut environ deux kilomètres avec une vitesse considérable, entraînant avec lui la nacelle et nous tous cramponnés dans les cordages. Le pays ne présentait ni buissons ni arbustes que pussent accrocher l'ancre et les guides-ropes; aussi le ballon ne s'arrêta-t-il que quand filets et tissus furent tellement en lambeaux que le vent n'eut plus sur eux aucune prise. Les cordages en se croisant serrèrent le cou de M. Fernique, qui se dégagea par un effort désespéré; même chose arriva à M. Gnocchi, qui ne fut débarrassé que par un mouvement de rotation que subit la nacelle. Ce fut M. Poisot qui put sortir le premier de la nacelle, et nous venir en aide. Tant qu'à moi, une lourde caisse suspendue à hauteur de tête allait m'atteindre, lorsque voyant le danger, je la repoussai d'une main ; le contrecoup me fit tomber à la renverse les pieds en l'air, presque sans connaissance ; ce fut mon gendre qui me tira de cette position critique.

De nombreux paysans, qui étaient accourus, nous apprirent que nous étions à quelques kilomètres de Vitry-le-Français. Ils nous donnèrent leurs blouses et leurs casquettes et mirent à notre disposition deux voitures sur lesquelles fut placé en grande hâte tout le matériel que j'emportais. A peine les voitures étaient-elles chargées, que les Prussiens arrivaient et s'emparaient de l'une d'elles. Ils mirent en joue le groupe de paysans auxquels nous étions mêlés ; mais ne nous distinguant pas, à cause de notre prompt changement de costume, ils ne tirèrent pas. Le ballon fut capturé également, et c'est à sa prise, qui occupait le plus l'ennemi, que nous devons d'avoir pu nous échapper de ses mains, en sauvant heureusement avec nous, à travers champ, la seconde voiture.

A ce moment, M. Fernique prit seul la direction de Coole où nous devions le rejoindre, mais les hasards de la fuite nous conduisirent à Vessigneul.

Le maire de Vessigneul, M. Songy, dont nous resterons toujours les obligés, consentit à nous cacher dans son grenier. J'avais en arrivant mis dans la poche de Mme Songy, pour les sauver, les papiers et lettres qui m'avaient été confiés. Les bagages furent vivement placés sous la paille d'une grange. Une caisse seule restait à y cacher, quand les Prussiens arrivant la prirent et l'emportèrent.

Profitant de leur départ et prévoyant leur prompt retour en plus grand nombre, M. Songy, sans perdre de temps, nous fit monter dans sa voiture et nous conduisit lui-même à Fontaine-sur-Coole, chez M. le curé Cachier. Ce dernier, qui avait eu la veille à loger deux officiers prussiens, et qui d'un instant à l'autre devait en recevoir d'autres, sachant aussi l'ennemi à notre poursuite, se hâta de nous faire partir par le derrière de sa maison et du pays, afin d'éviter la rencontre des Prussiens et l'indiscrétion des habitants.

M. Cachier nous recommanda de la manière la plus obligeante à son collègue M. Darcy, curé de Cernon, où nous arrivâmes, exténués de fatigue et de faim, à dix heures du soir.

M. Darcy et sa mère s'empressèrent de nous donner les soins les plus dévoués. Nous devons aussi un témoignage de reconnaissance au maire de cette localité qui se mit entièrement à notre disposition de la manière la plus obligeante. M. Darcy voulait nous faire reposer ; mais à minuit on vint frapper à sa porte. C'étaient des paysans qui rapportaient une partie des bagages laissés à Vessigneul, et venaient pour nous avertir que les Prussiens étaient sur nos traces et les suivaient de près. M. Darcy nous fit aussitôt mettre en route pour Bussy-Lettrée, où nous arrivions à cinq heures du matin. Ayant abandonné nos vêtements à la descente du ballon, n'ayant qu'une blouse sur le dos, nous eûmes à souffrir considérablement du froid pendant cette nuit glaciale.

L'instituteur de Bussy-Lettrée, M. Varnier, s'empressa à son tour, sur la bonne recommandation de M. le curé de Cernon, de nous

rendre service. Il nous fit un bon feu, près
duquel nous pûmes réchauffer nos membres
glacés, et nous procura des voitures pour
Sompuis. Nous avions décidé que nous n'en-
trerions pas tous ensemble dans ce petit pays,
pour ne pas éveiller la curiosité. M. Poisot,
resté en arrière, fut interrogé par un groupe
d'habitants, qui lui apprirent qu'un étranger
était allé la veille chez le receveur des postes,
M. Legrand. Supposant que cet étranger
pourrait bien être M. Fernique, j'allai aux
informations, et j'eus le plaisir d'apprendre
par M. Legrand lui-même que c'était bien
effectivement notre collègue, échappé comme
nous jusqu'alors aux mains de l'ennemi.
M. Legrand l'avait lui-même conduit la veille
à Dampierre. Avec la plus grande obligeance
il nous offrit de repartir immédiatement avec
nous pour la même destination. Nous arrivâmes à Dampierre à une heure du matin.

Dans cette ville, M. le docteur Mosment
nous offrit cordialement l'hospitalité. Dans
l'espoir que le voyage pourrait s'effectuer plus
aisément, il nous procura à Dampierre des
conducteurs munis de laissez-passer prus-

siens pour des transports de vin. Un de ces conducteurs, dont nous nous rappelons le nom avec plaisir, est M. Gauthier, homme estimable bien connu dans le pays. Ce qui avait été sauvé du matériel fut placé dans des tonneaux vides et transporté ainsi pendant quelque temps. Nous passâmes à Nogent-le-Long, où nous fûmes, sur la recommandation du docteur Mosment, reçus amicalement par le docteur Bertrand. A son tour, le docteur Bertrand nous recommanda au préfet de l'Aube, M. Lignier, qui était à ce moment à Pougy. M. Lignier nous donna le conseil de passer par Vandeuvre. Il y avait huit heures que nous en suivions la route, quand les gens du pays nous prévinrent que les Prussiens réquisitionnaient en cet endroit les chevaux et les voitures. Il nous fallut donc retourner sur nos pas et prendre la route d'Arcis-sur-Aube, occupé par les Prussiens. Comme nous ne pouvions présenter nos barriques à l'octroi, nous les laissâmes dans un petit village, et nous entrâmes dans Arcis, où tous les hôtels étaient remplis de Prussiens.

A l'hôtel de la Poste, à la table d'hôte où

nous fûmes obligés de dîner avec les officiers, un médecin-vétérinaire hanovrien, qui probablement avait quelque doute à notre égard, voulut absolument parier cent thalers avec moi que dans quatorze jours Paris serait rendu. Il me passa sa carte pour me confirmer son pari, ce qui semblait me demander la mienne. Inutile de dire que je ne l'acceptai pas.

Pendant la nuit, les bagages furent replacés en caisses et en paniers, et, à quatre heures du matin, nous quittions Arcis pour nous rendre à Troyes, également occupé. Nous laissions à Arcis le marin Pagano, la sûreté générale exigeant cette séparation. Bien nous prit en effet de partir la nuit, car nous apprîmes plus tard qu'à sept heures du matin toutes les issues de la ville étaient gardées.

A Troyes, notre position ne fut pas améliorée; nous eûmes grand'peine à nous procurer voitures et chevaux. Nous sommes heureux de reconnaître que l'aide de M. Joffroy, négociant de cette ville, nous fut d'un grand secours à cet effet. Nous quittions Troyes le 17, à trois heures du matin, par la route de

Saint-Florentin à Auxerre. Un corps considérable de l'armée du prince Frédéric-Charles nous précédait de douze heures sur cette route, qui devenait ainsi hérissée d'obstacles pour nous. Arrivés à Avrol, que les Prussiens venaient d'occuper, on ne voulut pas nous en laisser sortir. M. Poisot se rendit chez le major prussien, logé au château de M. de la Bourdonnaye, et demanda l'autorisation de continuer notre chemin. Le major répondit qu'on ne pourrait quitter Avrol que le lendemain matin à huit heures, après le départ des Prussiens.

Pendant que j'étais, avec mon préparateur, arrêté par les sentinelles prussiennes et attendant la réponse du major, des coups de fusil se firent entendre à quelque distance. Des sentinelles, nous prenant pour des francs-tireurs, s'apprêtaient à nous faire un mauvais parti ; j'eus de la peine à leur faire attendre l'arrivée de mon gendre, qui vint fort à propos faire connaître les ordres du major. On nous laissa retourner la voiture, avec laquelle nous pûmes gagner une ferme du village. Comme il pleuvait à verse, nous entrâmes dans une grange avec l'intention d'y passer la nuit; mais les Prussiens ne tardèrent point à nous en déloger, en proférant des menaces.

La voiture de matériel étant restée dans la cour, les Prussiens voulurent la visiter, disant que sûrement nous arrivions de Paris. Je déclarai venir de Troyes, et un officier fut demandé pour constater le fait. Les soldats exigèrent, en attendant sa venue, que les caisses restassent ouvertes. C'est à cette fâcheuse mesure que je dois attribuer une nouvelle perte de plusieurs appareils importants pour le travail de ma mission. Le temps se passa, et l'officier, occupé à dîner fort heureusement, ne vint pas. Pendant ce temps, le conducteur de la voiture, qui avait laissé sa lanterne dans la grange, y retournait pour la prendre. Les Prussiens, apercevant cette grange ouverte à nouveau, pensent que nous y sommes rentrés malgré leur défense. Ils donnent l'ordre aux propriétaires de prendre des lumières pour les éclairer, et nous cherchent pour nous fusiller.

Nous avions heureusement pu dans l'obscurité gagner la porte de sortie de la ferme, traverser le chemin et entrer dans une auberge où étaient encore quantité d'autres Prussiens. Nous nous assîmes devant le feu. Les officiers qui sortaient de table d'une salle à côté nous regardaient avec méfiance et passaient près de nous le revolver à la main. Nous dûmes rester toute la nuit sur pied dans cette auberge, dont les maîtres étaient affolés par les exigences des envahisseurs, et tous nous perdîmes l'espoir de nous tirer d'affaire.

Le 18 au matin, les Prussiens s'éloignèrent sur Joigny; mais l'avant-garde n'avait pas fait trois kilomètres qu'elle rencontra à Brinon une défense organisée de la garde nationale. Le combat rendait le chemin impossible pour nous; il fallut avec notre voiture de bagage prendre à travers champs par une pluie torrentielle, avançant très-péniblement sur des terres labourées et détrempées, poussant ou soutenant tour à tour nous-mêmes la voiture. Nous trouvions souvent les traces profondes des chevaux des uhlans qui venaient d'explorer en tous sens avant nous cette partie de la campagne.

Arrivés aux lignes françaises à Mont-Saint-Sulpice, une difficulté que nous n'attendions guère se présenta. Ce fut l'autorité de l'endroit qui ne voulant pas croire que nous avons pu parcourir impunément tout ce pays occupé, ne trouva rien de mieux que de nous recommander désobligeamment sur le reste du chemin que nous avions encore à faire pour nous rendre à Auxerre où nous savions le préfet instruit de notre mission. A Seignelay, cette mauvaise recommandation nous causa des ennuis sérieux et une perte de temps sensible; nos bagages furent visités et la foule mal prévenue se montrait hostile. Nous quittâmes ce pays escortés par un détachement de la garde nationale qui nous conduisit jusqu'à Monéteau, où une nouvelle escorte nous attendait. Nous devons dire cependant à la louange du capitaine de la garde nationale de Monéteau, dont nous avons le regret de ne pas connaître le nom, que non-seulement il nous donna protection, mais encore qu'il mit à notre disposition sa voiture et des couvertures pour nous garantir d'un temps affreux,

et nous conduisit avec ses hommes chez
M. le préfet d'Auxerre, où nous arrivâmes à
onze heures du soir brisés de fatigue et d'é-
motions. Le préfet nous fit connaître qu'il
venait de recevoir de la délégation de Tours
l'ordre de nous y envoyer. A Nevers, nouveau télégramme de M. le ministre Gambetta,
nous enjoignant d'arriver sans délais et de
toute urgence.

Le 24 novembre, nous arrivions enfin à
Tours à huit heures du matin, et nous nous
présentions immédiatement chez M. Gambetta. M. Fernique, qui avait pu gagner Tours
avant nous, y fut mandé aussitôt. Nous fî-
mes prendre connaissance de notre traité du
10 novembre, avec M. Rampont, directeur
général des postes, signé par M. Picard, ministre des finances. La délégation sur les
avis de M. Barreswil, l'éminent chimiste,
avait eu aussi l'idée de réduire les dépêches
photographiquement par les procédés ordinaires. Dans cette vue la délégation avait dé-
crété le 4 novembre l'organisation d'un service analogue.

M. Blaise, photographe à Tours, avait com-

mencé ce travail, mais sur papier. Il repro-
duisait deux pages d'imprimerie sur chaque
côté de la feuille. La finesse du texte était
limitée par le grain et la pâte du papier. Ce
service commencé à Tours par la délégation
ne donnait pas toute satisfaction, puis-
que du 26 octobre au 12 novembre, jour
de mon départ, Paris n'avait reçu aucun
message par pigeon.

Mis en demeure par M. Stéenackers, directeur des télégraphes et des postes de la
délégation, de fournir un spécimen de ma
photomicroscopie sur pellicule, l'exemplaire
que je produisis fut trouvé tout à fait satis-
faisant et la photographie sur papier fut aban-
donnée pour les dépêches. Ma pellicule, outre
son extrême légèreté, présentait l'immense
avantage de ne poser en moyenne que deux
secondes, tandis que le papier nécessitait
plus de deux heures, vu la mauvaise saison ;
de plus, sa transparence donnait un excel-
lent résultat à l'agrandissement qui se fai-
sait à Paris au moyen de la lumière élec-
trique.

Aidé par mes collaborateurs j'organisai

immédiatement le travail de la reproduction des dépêches officielles et privées, qui devait être si utile à la défense nationale et aux familles. A partir de ce moment, je fus seul à les exécuter sous le contrôle éclairé de M. de Lafollye, inspecteur des télégraphes, chargé par la délégation du service des dépêches par pigeons voyageurs. Sur ses avis le travail originaire fut modifié, et le résultat, eu égard au peu de matériel que nous avions pu sauver, fut une production plus rapide et plus économique.

Les journaux ayant fait connaître que les Prussiens s'étaient emparés d'une grande partie de mon matériel, je me fais plaisir de dire ici que M. Delezenne, et M. Dreux, agent de change à Bordeaux, tous deux amateurs distingués de photographie, offrirent avec empressement à l'administration des appareils semblables à ceux que je possédais, et ils furent mis à ma disposition.

Le stock des dépêches fut promptement écoulé. Je suis heureux de pouvoir affirmer qu'activement secondé par mes collaborateurs, aucun retard ne s'est produit dans mon travail; mais le déplacement de la délégation et surtout le froid intense qui paralysait les pigeons ont créé de sérieuses difficultés.

Lorsque rien n'entravait le vol de ces intéressants messagers, la rapidité de la correspondance était vraiment merveilleuse. Je puis pour ma part en citer un exemple.

Manquant de certains produits chimiques, notamment de coton azotique que je ne pouvais me procurer à Bordeaux, je les demandai par dépêche-pigeon le 18 janvier à MM. Poullenc et Wittmann, à Paris, en les priant de me les expédier par le premier ballon partant. Le 24 janvier les produits étaient rendus à mes ateliers à Bordeaux. Le pigeon n'avait mis que douze heures pour franchir l'espace de Poitiers à Paris. La télégraphie ordinaire et le chemin de fer n'eussent pas fait mieux.

Les dépêches officielles ont été exécutées avec une rapidité surprenante. M. de Lafollye nous les remettait lui-même à midi, et le même jour à cinq heures du soir, malgré une saison d'hiver exceptionnellement mauvaise, dix exemplaires étaient terminés et remis à l'administration. Nous en avons fait ainsi treize séries sans être une seule fois en retard. Les dépêches privées étaient exécutées dans les mêmes conditions. Le travail était considérable, car, à l'exception d'un petit nombre de pellicules qui n'ont été envoyées que six fois, parce qu'elles sont promptement arrivées, la plupart l'ont été en moyenne vingt fois, et quelques-unes trente-cinq et trente-huit fois. Nous avons aussi reproduit en photomicroscopie une grande quantité de mandats de poste. Les destinataires ont pu toucher leur argent à Paris comme en temps ordinaire.

Chaque pellicule était la reproduction de douze ou seize pages in-folio d'imprimerie, contenant en moyenne, suivant le type employé, trois mille dépêches. La légèreté de ces pellicules a permis à l'administration d'en mettre sur un seul pigeon jusqu'à dix-huit exemplaires donnant un total de plus de cinquante mille dépêches pesant ensemble *moins d'un gramme*. Toute la série des dépêches officielles et privées que nous avons faites pendant l'investissement de Paris, au nombre d'environ cent quinze mille, pesaient en tout deux grammes. Un seul pigeon eût pu aisément les porter. Si on veut maintenant multiplier le nombre des dépêches par le nombre d'exemplaires fournis, on trouve un résultat de plus de deux millions cinq cent mille dépêches que nous avons faites pendant les deux plus mauvais mois de l'année.

On roulait les pellicules dans un tuyau de plume que des agents de l'administration attachaient à la queue du pigeon. Leur extrême souplesse et leur complète imperméabilité les rendaient tout à fait convenables à cet usage.

En outre, ma préparation sèche a le triple avantage : d'être apprêtée en une seule fois, de ne donner aucune bulle, et de ne pas se détacher du verre à la venue de l'image ; elle donne toute sécurité dans le travail et n'expose pas aux déboires comme les procédés ordinaires.

Je pense faire plaisir à beaucoup de personnes en joignant ici un spécimen d'une pellicule, reproduction identique de ce que j'ai fait pour la poste par pigeons pendant le siége de Paris. Pour lui donner plus d'authenticité, l'administration a bien voulu la revêtir de son timbre, auquel j'ai joint ma signature. Pour ne léser aucune susceptibilité, les noms seuls ont été changés.

P. S. Revenu gravement malade de Bordeaux, retardé par les malheureux événements de Paris, mon rapport allait passer à l'imprimerie, quand on me mit sous les yeux des articles de journaux publiés par diverses personnes, notamment par M. Lévy de Paris, se donnant comme ayant fait les dépêches du gouvernement par pigeon voyageur. Ces messieurs ont eu grand tort de laisser induire le public en erreur. Ils me mettent dans la nécessité de protester contre ces articles mensongers et de revendiquer mon droit par la voie de la presse.

J'ai eu le bonheur de réussir dans ma tâche, à la grande satisfaction du gouvernement qui peut en témoigner. Parti de Paris pour faire les dépêches photomicroscopiques par pigeons, muni d'un traité de l'administration des postes, signé du ministre des finances, ce traité fut échangé avec un autre de la délégation me concédant la reproduction de toutes les dépêches officielles et privées sans exception. Il est donc souverainement injuste que d'autres qui n'ont rien fait cherchent à s'attribuer le bénéfice de mes travaux.

11732 — Paris. Typographie Lahure, rue de Fleurus, 9.

PARIS. — TYPOGRAPHIE LAHURE
Rue de Fleurus, 9